Gin

Perfekte Cocktails selber mixen

Titelfoto: Imagine Fotoagentur GmbH, Hamburg
Gesamtherstellung: HONOS VERLAG GmbH, Köln

ISBN: 3-8299-0535-1

Gin

Perfekte
Cocktails
selber mixen

Klein & köstlich

Gin-Lemon-Drink · New Orleans · Blue Dream · Red Hours · Dusty Martini · Martini Dry · Trauben Topical · Gin Daiquiri · Delicious Sour · Grand Royal · Hurricane · Pink Panther · Friends · Joker · Cosmo · Southern Gin

Fruchtige Muntermacher

Jamaican Ginger · Tropical Red · Banjino Cocktail · Golden Dawn · Peach Paloma · My Own · Resolute · Pale Cherry · Green Fizz · Pink Lady · Gingerball · Banana Boat · Blue Gin Kinley

Kühl verlängert

Gin Old Fashined · Monte Carlo Imperial · London Fever · Gimlet · Batida Fizz · Old Opera · Rickey · Messicano · Singapore Sling · Adria Look · Tom Collins

Alles für die Bar

Mit dem richtigen Handwerkszeug macht das Mixen noch mehr Spaß. Auf dem Foto sehen Sie alles, was es für die Bar gibt. Das eine oder andere Zubehör werden Sie sicherlich ohnehin besitzen, und auf einiges können Sie – zumindest am Anfang – auch verzichten.

1. Wein- und Sektflaschenkühler

Er erspart Ihnen den ständigen Griff in den Kühlschrank. Mit Eis gefüllt hält der Kübel den Inhalt der angebrochenen Flaschen schön kalt.

2. Eisbehälter

Die meisten Drinks werden eiskalt serviert. Der Eisbehälter garantiert Ihnen, dass Ihr Eiswürfelvorrat nicht dahinschmilzt.

3. Eiszange

Mit der Eiszange haben Sie jeden Würfel fest im Griff.

4. Boston-Shaker

Er besteht aus einem größeren Metallbecher und einem kleineren Rührglas.

5. Barlöffel

Sie erleichtern Ihnen durch die schmale, lange Form das Umrühren. Profis verwenden ihn häufig auch verkehrt herum.

6. Shaker

Ein Shaker gehört unbedingt zur Grundausstattung. Er sorgt dafür, dass alle Zutaten optimal durchgeschüttelt werden.

FREIXENET

7. Messbecher

Wer sichergehen will, verlässt sich nicht auf sein Augenmaß. Die meisten Messbecher fassen auf der einen Seite 2 cl und auf der anderen Seite 4 cl.

8. Flaschenverschluss

Für Sekt- und Weinflaschen gibt es spezielle Verschlüsse in verschiedenen Variationen. Sie garantieren, dass die edlen Tropfen bis zur letzten Neige nichts von ihrer Qualität einbüßen.

9. Flaschenöffner

Ein gut funktionierender Flaschenöffner muss immer zur Hand sein.

10. Barmesser

Kein Muss, aber sehr hilfreich ist ein Barmesser. Mit ihm lassen sich Früchte leichter schneiden, schälen und aufspießen als mit einem normalen Küchenmesser.

11. Barzange

Die Barzange ist ein sehr praktisches und vielseitiges Utensil, aber für den Hobby-Mixer durchaus entbehrlich.

12. Sektkorkenzange

Wer nur ab und zu eine Sektflasche öffnet, kommt auch ohne diese spezielle Zange aus.

13. Barsieb

Auf ein Barsieb, auch Strainer genannt, sollte man nicht verzichten. Durch die Spirale passt es sich jeder Shaker- oder Glasöffnung an und hält beim Eingießen das Eis zurück.

14. Flaschenöffner und -verschluss

Mit der einen Seite öffnet man die Flasche, und mit der anderen kann man sie direkt wieder verschließen.

15. Weinthermometer

Ein Weinthermometer zeigt genau an, welche Temperatur der Flascheninhalt – nicht nur Wein – haben sollte und tatsächlich hat.

16. Ausgießer

Flaschen mit Ausgießer erleichtern die Dosierung der kostbaren Spirituosen, da es bei Mix-Drinks meist um nur ganz geringe Mengen geht.

17. Korkenzieher

Mit sogenannten Glocken- oder Hebelkorkenziehern lässt sich jeder Korken ohne Kraftakt sauber entfernen.

18. Kellnerkorkenzieher

Ein Gerät mit drei Funktionen: Korkenzieher, Flaschenöffner und kleines Messer.

19. Trinklöffel

Praktisch für Mixgetränke mit Eis oder Früchten: ein Löffel mit integriertem Strohhalm.

20. Cocktailpicker

Kleine Cocktailspieße gibt es aus vielen Materialien und in vielen Farben.

Gin

Klein & köstlich

Gin-Lemon-Drink

2 cl Gin

2 cl Apérol

3 cl Vermouth Dry

1 cl Lime Juice

Zitronenscheibe

Die Zutaten im Shaker auf Eis kräftig schütteln, in ein Cocktailglas seihen und die Zitronenscheibe an den Rand stecken.

New Orleans

4 cl Gin

1 TL Eiweiß

2 TL Zuckersirup

3 TL frische Sahne

Alle Zutaten über Eis im Shaker mixen und durch einen Strainer in ein Cocktailglas gießen.

Blue Dream

2 cl Dry Gin

2 cl Curaçao blue

1 cl Zitronensaft

Alles gut durchschütteln und in einem Cocktailglas servieren.

Red Hours

2 cl Vermouth Rosso

2 cl Gin

5 cl roter Traubensaft

1 Spritzer Limettensaft

rote Traube

Für den Zuckerrand:

Limettensaft und Zucker

Rand eines Cocktailglases in Limettensaft und dann in Zucker tauchen. Vermouth, Gin und roten Traubensaft im Mixglas mit zwei Eiswürfeln verrühren. In das Cocktailglas abseihen. Mit Limettensaft abspritzen und mit aufgespießter roter Weintraube servieren.

Dusty Martini

3 cl Scotch Whisky

3 cl Gin

Olive

Whisky und Gin im Barglas auf Eis verrühren, anschließend ohne Eis in ein Cocktailglas abseihen und eine Olive hineingeben.

Martini Dry

5 cl Gin

1 cl Vermouth Dry

Olive

Eisstücke in ein Mixglas geben, Gin und Vermouth hinzufügen, umrühren und in ein Cocktailglas abseihen. Eine Olive mit Kern hinzugeben.

Trauben Tropical

8 cl roter Traubensaft

4 cl Orangensaft

2 cl Kokosnusscreme

2 cl Gin

3 cl Pfirsichlikör

Pfirsichscheibe

Kiwischeibe

Kirsche

Säfte, Kokosnusscreme, Likör und Gin auf Eis im Shaker mixen und in ein Cocktailglas abseihen. Die Früchte aufspießen und in das Glas geben.

Gin Daiquiri

4 cl Dry Gin

1 cl Zitronensaft

1 cl Maraschino

Gin, Saft und Likör im Shaker auf Eiswürfeln gut mixen und durch einen Strainer in ein Cocktailglas abseihen.

Delicious Sour

3 cl Cherry Brandy

2 cl Gin

2 cl Zitronensaft

Alle Zutaten im Shaker mit Eis gut durchschütteln und in einem kleinen Tumbler servieren.

Grand Royal

4 cl Dry Gin

1,5 cl Grenadine

1 cl Zitronensaft

1 Ei

Alle Zutaten im Shaker auf Eiswürfeln gut schütteln und in eine Sektschale oder in ein Weißweinglas abseihen.

Hurricane

1,5 cl Bourbon

1,5 cl Pfefferminzlikör

1,5 cl Gin

Kirsche

Alle Zutaten in einem Mixglas etwa 20 Sekunden rühren, in ein Cocktailglas abseihen und mit Kirsche garnieren.

Pink Panther

2 cl Gin

2 cl Wodka

1 cl Grenadine

1 cl Zitronensaft

1 Eiweiß

1 TL Zucker (Puderzucker)

Alle Zutaten im elektrischen Mixer mit Crushed Ice frappieren und in einem Cocktailglas mit Strohhalm servieren.

Friends

3 cl Gin

3 cl Aperol

1 cl Minzlikör

Zitronenscheibe

Die Zutaten in einem Shaker auf Eis kräftig schütteln und mit den Eiswürfeln in ein Cocktailglas geben. Mit einer Zitronenscheibe garnieren.

Joker

6 cl Dry Gin

2 cl Zitronensaft

1 cl Apricot Brandy

Cocktailkirsche

Alle Zutaten auf Eis im Shaker mixen, in ein Longdrinkglas geben und mit einer Cocktailkirsche servieren.

Cosmo

3 cl Gin

2 cl Grand Marnier

2 cl Preiselbeersaft

1 cl Lime Juice

Alle Zutaten im Shaker auf Eis kräftig schütteln und in ein Cocktailglas abseihen.

Southern Gin

3 cl Gin

1 cl Southern Comfort

1 cl Curaçao Triple Sec

1 Spritzer Angostura

Kiwischeibe

Alle Zutaten im Shaker auf Eis kräftig schütteln, anschließend über ein Barsieb in ein Aperitifglas abseihen. Mit einer Kiwischeibe garnieren.

Gin

Kühl verlängert

Gin Old Fashioned

4 cl Dry Gin

1 Spritzer Angostura Bitter

1 TL Zucker

Sodawasser

Orangen- und Zitronenscheibe

3 Cocktailkirschen

Zucker in einem Tumbler auflösen, Eisstücke, Gin und Angostura hinzufügen und mit Sodawasser auffüllen. Mit einer halben Orangen- und Zitronenscheibe und Cocktailkirschen servieren.

Monte Carlo Imperial

2 cl Gin

1 cl Crème de Menthe

2 cl Zitronensaft

Champagner

Früchte

Gin, Likör und Zitronensaft im Shaker auf Eis kräftig schütteln und in ein hohes Sektglas gießen. Mit Champagner auffüllen. Mit einem Spieß aus verschiedenen Früchten garnieren.

London Fever

3 cl Gin

2 cl weißer Rum

3 cl Limettensirup

2 cl Grenadine

Sodawasser

Zitronenschale

Alle Zutaten in einen Tumbler auf 3 Eiswürfel schütten, umrühren und ein Stück Zitronenschale hineingeben.

Gimlet

4 cl Dry Gin

2 cl Lime Juice

1 TL Zuckersirup

Zutaten in ein Rührglas geben, gut umrühren und in einen Tumbler auf Eiswürfel geben. Je nach Geschmack mit Sodawasser auffüllen.

Batida Fizz

4 cl Gin

3 cl Zitronensaft

4 cl Batida de Coco

1 cl Läuterzucker

4 cl Sahne

Sodawasser

Kiwischeibe

Die Zutaten ohne Soda im Shaker auf Eis kräftig schütteln, in ein Longdrinkglas seihen und mit Soda auffüllen. Mit der Kiwischeibe garnieren.

Old Opera

3 cl Gin

2 cl Campari

3 cl Zitronensaft

1 Eiweiß

1 cl Läuterzucker

Sodawasser

Die Zutaten ohne Soda im Shaker auf Eis kräftig schütteln und anschließend in ein Longdrinkglas abseihen, mit Soda auffüllen und nach Wunsch garnieren.

Rickey

3 cl Dry Gin

1 cl Zitronensaft

1 TL Zuckersirup

Sodawasser

Limonenscheibe

Gin, Saft und Sirup in ein Cocktailglas auf Eisstücke geben und mit Sodawasser auffüllen. Eine Limonenscheibe auf den Glasrand stecken.

Messicano

2 cl Gin

2 cl Galliano

1 cl Amaretto

1 cl Grenadine

Sodawasser

Zitronenscheibe

Alle Zutaten ohne Sodawasser im Shaker auf Eis kräftig schütteln, in einen Tumbler geben und mit Soda auffüllen. Mit einer Zitronenscheibe garnieren.

Singapore Sling

6 cl Gin

2 cl Cherry Brandy

1 TL Zuckersirup

1 Spritzer Grenadine

Saft 1/2 Zitrone

Sodawasser

1/2 Zitronenscheibe

Cocktailkirschen

Zutaten in einem Rührglas mixen, durch einen Strainer in einen Tumbler geben, mit Sodawasser auffüllen. Zitronenscheibe und Cocktailkirschen hinzufügen.

Adria Look

2 cl Blue Curaçao

2 cl Gin

2 cl Zitronensaft

Sekt

2 Cocktailkirschen

Aprikosenstück

Blue Curaçao, Gin und Zitronensaft mit Eiswürfeln im Shaker kräftig schütteln und in ein großes Sektglas abgießen. Nun mit dem gut gekühlten Sekt aufgießen. Die Cocktailkirschen in das Glas geben und den Glasrand mit einem Aprikosenstück garnieren.

Tom Collins

4 cl Gin

1 TL Zuckersirup

etwas Zitronensaft

Sodawasser

Zitronenscheibe

Gin, Zuckersirup und Zitronensaft in ein Longdrinkglas auf Eiswürfel geben, umrühren und mit kaltem Sodawasser auffüllen. Eine halbe Zitronenscheibe in das Glas geben oder auf den Rand stecken.

Gin

Fruchtige Muntermacher

Jamaican Ginger

2 cl Gin

2 cl Campari

3 TL Ingwerextrakt

Orangensaft

Orangenscheibe

Gin, Campari und Ingwerextrakt im Shaker mit 3 TL Crushed Ice kräftig schütteln, in ein Longdrinkglas abseihen und mit Orangensaft auffüllen. Mit der Orangenscheibe garnieren.

Tropical Red

3 cl Orangenlikör

2 cl Gin

4 cl Grapefruitsaft

6 cl Orangensaft

Alle Zutaten im Shaker schütteln und auf Eis im Longdrinkglas servieren.

Banjino Cocktail

3 cl Gin

1 cl Bananenlikör

Orangensaft

Orangenscheibe

Gin und Bananenlikör im Shaker kräftig schütteln und in ein Longdrinkglas mit vielen Eiswürfeln geben. Mit Orangensaft auffüllen und die Orangenscheibe hineingeben.

Golden Dawn

3 cl Gin

15 cl Orangensaft

1 cl Zitronensaft

2 cl Apricot Brandy

3 Spritzer Grenadine

2 Orangenscheiben

Die Zutaten im Shaker auf Eiswürfeln gut schütteln. Im Longdrinkglas mit viel Eis servieren. Mit Orangenscheiben garnieren.

Peach Paloma

4 cl Pfirsichlikör

2 cl Gin

Tonic Water

1 kleiner Zweig Minze

Pfirsichlikör und Gin in einem Becherglas verrühren. Mit eiskaltem Tonic Water auffüllen und einem kleinen Minzezweig dekorieren.

My Own

3 cl Gin

5 cl Orangensaft

2 cl Campari

Orangenscheibe

Gin und Orangensaft im Longdrinkglas auf Eiswürfeln verrühren, eine Orangenscheibe an den Glasrand stecken und Campari darüber gießen.

Resolute

2 cl Gin

2 cl Apricot Brandy

Zitronenlimonade

Pfirsichspalten

Gin und Brandy im Shaker auf Eiswürfeln mixen, in ein Longdrinkglas auf Eiswürfel abseihen und mit Zitronenlimonade auffüllen. Pfirsichspalten hineingeben.

Pale Cherry

2 cl Gin

2 cl Kirschlikör

2 cl Maraschino

Sodawasser

Die Spirituosen im Shaker auf Eis kräftig schütteln, in ein Cocktailglas geben und mit kaltem Sodawasser auffüllen.

Green Fizz

5 cl Gin

2 cl Crème de Menthe

3 cl Ananassirup

1 cl Läuterzucker

1 Eiweiß

Sodawasser

Ananasspalte

Die Zutaten ohne Soda im Shaker auf Eis kräftig schütteln und anschließend in ein großes Cocktailglas abseihen, mit Soda auffüllen und ein Ananasstück an den Rand stecken.

Pink Lady

4 cl Gin

2 cl Cherry Heering

2 cl Zitronensaft

Tonic Water

Zitronenscheibe

Cocktailkirsche

Gin, Likör und Zitronensaft in ein Longdrinkglas mit viel Eis geben, mit Tonic auffüllen und umrühren. Mit Zitronenscheibe und Cocktailkirsche garnieren.

Gingerball

3 cl Bénédictine

2 cl Gin

2 cl Ananassaft

Ginger Ale

Sternfrucht

Likör, Gin und Ananassaft im Shaker auf Eis kräftig schütteln, in ein Longdrinkglas abseihen und mit Ginger Ale auffüllen. Mit Sternfruchtscheiben garnieren.

Banana Boat

3 cl Crème de Bananes

2 cl Gin

1 Spritzer Grenadine

Orangenscheibe

Kirsche

Zutaten über Eiswürfel in ein Longdrinkglas geben und mit Orangensaft auffüllen. Die Orangenscheibe und die Kirsche an den Rand stecken.

Blue Gin Kinley

4 cl Gin

2 cl Blue Curaçao

4 cl Ananassaft

Tonic Water

Ananasstück

Cocktailkirsche

Die Zutaten ohne Tonic im Rührglas vermischen und in ein halb mit Crushed Ice gefülltes Longdrinkglas geben. Mit Tonic auffüllen und garnieren.